ТБ 48 2155

HISTOIRE

DE

LA CONSPIRATION OURDIE

CONTRE

M. ANGLÈS,

PRÉFET DE POLICE,

ET QUELQUES DÉPUTÉS DU CENTRE.

. . . . *Horesco referens !*

A PARIS,

CHEZ MADAME DUFRICHE, LIBRAIRE,

PALAIS-ROYAL, GALERIE DE PIERRE, n°. 156.

———

1821.

HISTOIRE

DE

LA CONSPIRATION OURDIE

CONTRE

M. ANGLÈS, PRÉFET DE POLICE,

ET QUELQUES DÉPUTÉS DU CENTRE.

. . . . *Horesco referens!*

Une personne de Paris instruit un de ses amis de province, de tous les détails de la Conspiration.

Paris, le 26 juin 1821.

UNE vaste conspiration vient d'éclater, mais ne vous effrayez pas; j'espère que le repos de la France n'en sera nullement troublé. Le complot était dirigé contre M. Anglès et la portion de la chambre que l'on appelle dans le public *le ventre*, désignée législativement sous le nom de *centre*, et qualifiée par ceux qui la composent de *parti modéré*. Cette conspiration a réussi, à la grande satisfaction des hommes qui recherchent avec avidité toutes les occasions de rire, quelques sérieuses que soient les circonstances. Ce désir immodéré d'hilarité fut de tout temps le cachet de notre nation; les secousses qu'elle a éprouvées n'ont pas laissé que de l'effacer un peu, mais il reparaît quelquefois. La catastrophe qui vient d'avoir lieu, l'a reproduit tout entier: semblable à une commotion électrique, elle a agi sur les personnages les plus élevés, comme sur les plus petits. Enfin, M. Roy, ministre des finances, qui ne rit que lors d'une éclipse, n'a pu garder son sérieux; il a ri; chose qui a paru si extraordinaire que tous les employés de son ministère s'abordaient dans les bureaux, dans les cours, en se disant: Monseigneur a ri; la hallebarde du Suisse en a frémi de plaisir; elle s'agitait toute seule. Lorsque Germanicus naquit, les marbres s'animèrent. Les ministres sont si puissans aujourd'hui, que la nature entière partage leurs diverses affections.

Des choses très-risibles par elles-mêmes perdent toujours à être racontées, et surtout à l'être par écrit. Aussi ne me suis-je décidé à vous entretenir de celle-ci que par le désir que j'ai de vous tenir au courant de tout ce qui se passe.

Vous permettrez que je prenne ma narration d'un peu de haut, non pas du siége de Troye, cependant, ni même de notre révolution :

Le but des *gouvernans* dans un système représentatif est d'avoir la majorité dans les chambres; pour l'obtenir, ils ont un moyen simple, mais puissant, c'est de mettre en balance l'intérêt avec l'honneur; ce dernier est toujours le plus léger.

Lorsque je vis établir chez nous le système représentatif que j'avais étudié en Angleterre, j'espérais que cette vivacité, cette impétuosité, si blâmée dans les Français, ferait que, loin de copier servilement la Grande-Bretagne, les hommes appelés à représenter la nation se diviseraient en deux partis bien prononcés, et que du choc de leurs opinions s'élèveraient des grands caractères, des talens supérieurs; j'étais loin de penser que l'on trouverait des gens assez amis du pouvoir pour s'en montrer sans ménagement les esclaves; mais je vis bientôt que je m'étais trompé; nous avons aussi nos *bourgs pourris*. Nos compatriotes, si habiles à saisir les ridicules, ne laissèrent pas échapper celui-ci ; les caricatures, les quolibets, les épithètes les plus piquantes furent prodigués à ces hommes vendus au ministère ; ce qui n'empêcha pas cependant que le nombre des ministériels n'augmentât tous les jours : la chambre des députés ressembla bientôt à une pomme gâtée dont la pourriture augmente à vue d'œil, de laquelle il finit par ne plus rester qu'une faible partie de conservée. Ce ventre dont on se moque tant, qui est le sujet de toutes les plaisanteries, gouverne cependant la France, et la gouverne tellement, que, si des ministres étaient assez ambitieux pour vouloir renverser l'autorité, ils y parviendraient, si, toutefois, ils étaient assez adroits pour cacher leur dessein jusqu'à sa mise en exécution : ils commenceraient par vouloir marquer les prérogatives royales, ils demanderaient qu'un ministre fût nommé pour un nombre d'années fixe, sans pouvoir être renvoyé que par jugement ; ensuite, ils feraient demander que le Roi ne pût casser les chambres ; ils diminueraient la liste civile, et avec leurs esclaves du centre et trois ou quatre voix des deux côtés, ils obtiendraient tout ce qu'ils voudraient ; ce serait vraiment effrayant, si l'amour des Français ne mettait le Roi à l'abri de toute entreprise factieuse. Ainsi le 19e siècle, si ennemi de la féodalité, en voit éclore une, mais bien nouvelle dans son espèce: celle du 10° siècle, qui avait commencé à être le plus ferme appui du trône, finit par l'asservir; aujourd'hui la féodalité ministérielle enchaînera l'autorité royale, l'entravera, la fera pâlir et la détruira. Mais la faction féodale qui accabla les rois de la seconde et de la troisième race, était composée de grands feudataires, sujets rebelles, il est vrai, mais du moins, grands guerriers, dont le sang coula souvent pour la patrie; celle d'aujourd'hui, aussi puissante dans ses effets, n'est cependant qu'une triste caricature de sa devancière; elle n'est composée que d'avocats, de sous-préfets, de juges. Oui, mon cher ami, ce sont ces hommes qui régissent vos destinées, qui font vos lois, qui commandent à cette nation si noble, si glorieuse de souvenirs: ainsi, après avoir fait les plus grands efforts pour se soustraire à l'influence de la féodalité, les monarques français sont tombés sous son joug dans un siècle de lumières et de civilisation.

Mais, allez-vous me dire, votre exorde est un peu long, croyez-vous me faire rire en rabâchant de la politique: ce que vous me dites n'est pas gai. Je l'avoue; mais, en faisant précéder mon récit de si graves considérations, ma narration en paraîtra plus piquante; au reste, m'y voilà.

Ces jours derniers virent commencer la discussion sur le budget : toutes les autres ne servent bien souvent qu'à faire briller le talent de quelques orateurs, à découvrir de nouvelles ambitions ; mais celle-ci est la plus importante : il s'agit de disposer des deniers du citoyen, de donner au pouvoir de quoi se soutenir ; alors les ministres s'agitent pour échauffer le zèle de leurs sujets : LL. Exc. sont plus polies, plus prévenantes ; elles font naître par leurs promesses des espérances que bien souvent elles trompent, une fois le danger passé. Les ministres conviennent entre eux de ne pas laisser dîner un seul député du centre chez le restaurateur, ils pourraient y entendre de fort mauvaises choses : à cette époque, les denrées du marché ressemblent aux rentes qu'une bonne nouvelle fait hausser ; tout renchérit ; c'est alors que l'influence des dîners se fait sentir. Bah ! allez-vous dire, me ferez-vous croire que des hommes la plupart riches peuvent être sensibles à un repas. Oui, mon cher ami ; car non-seulement on mange bien à ce repas, mais encore on y obtient des grâces et des faveurs. Enfin, l'époque si fatale pour les ministres est arrivée ; les excellences à portefeuille prennent à leur charge les plus considérés du centre, les Boursier, les Dumanoir, les Dupont, les Beugnot, les Halgan, etc. Elles laissent aux directeurs généraux et au préfet de police le soin de traiter la populace du centre. M. Anglès, préfet de police, fit deux semaines d'avance une invitation extraordinaire; il expédia quarante lettres d'invitation; mais avant tout, il faut que je vous fasse connaître ce monsieur.

C'est un homme d'une taille exiguë, petit avec les grands, et grand avec les petits : il joue extrêmement bien au billard, il donne des leçons à sa femme qui, étant très-élancée et très-svelte, a fait de rapides progrès. Il faisait en 1815 une partie avec elle, lorsqu'on vint lui annoncer que M. de Lavallette s'était évadé : il faut lui rendre justice, il la quitta tout de suite. M. Anglès couvre de ses ailes protectrices une immense parenté qu'un écrivain a appelée fort spirituellement *l'heureuse famille ;* père, frères, oncles, cousins, jusqu'aux frères de lait, tout est placé, logé, chauffé aux frais du Roi ; mais je me trompe, le Roi n'a plus rien à voir là dedans, il a donné sa constitution, qu'on s'arrange, je veux dire aux frais de l'état. M. Anglès, qui est très-rangé, a fait avec ses économies une fortune considérable dans l'espace de quatre ans : c'est aujourd'hui l'un des hommes les plus riches de France. Les Bourbons sont tombés dans une étrange erreur lorsqu'ils ont pris les rênes du gouvernement; ils on cru qu'il n'y avait qu'un homme pour une place; ils se sont imaginé que ceux qui avaient occupé des emplois sous Napoléon pouvaient seuls les occuper sous eux. Il est vrai que des gens qui ont toujours été dans les affaires publiques doivent y être plus habiles; mais, malheureux dans tout ce qu'ils font, ils ont choisi précisément ceux qui ont servi Bonaparte avec peu de distinction : ainsi M. Anglès, M. Pasquier, M. de Serre, M. Portal, dont on avait entendu parler à peine, qui auraient fourni une carrière proportionnée à leurs talens, c'est-à-dire très-ordinaire, occupent aujourd'hui les premières places de l'état, tandis que des hommes d'un grand mérite, qui ont servi très-bien sous le régime impérial, régime auquel ils étaient attachés ni plus ni moins que ces Messieurs, sont éloignés et passent dans l'inaction une vie qui pourrait être si utile à la patrie.

M. Anglès, et tous les ministres, savaient que cette année ils auraient à combattre dans la discussion du budget une forte opposition; ils résolurent de redoubler d'efforts et de soin : les lettres d'invitation furent rédigées en termes plus pressans, avec une politesse plus recherchée. La missive finissait par ces mots: il y aura turbos, pâtés d'ortolans et sardines fraiches. Le préfet de police recommanda à madame une mise moins négligée, et plus d'aménité: ordinairement elle est seule de son sexe à table; on invita madame la baronne de S..... qui a vingt-six ans depuis deux lustres; d'ailleurs, vive, sémillante, bien faite pour charmer des gens plus difficiles que les conviés.

Cependant plus le jour approchait, plus M. Anglès concevait de craintes vagues, tristes avant-coureurs d'une catastrophe. L'histoire a recueilli les circonstances les plus minutieuses, sur des malheurs célèbres, prévus, prédits long-temps avant leur arrivée. L'avenir nous est voilé, parce qu'il nous empêcherait, sil était connu, de jouir du présent. Quelle entreprise oserait hasarder celui qui serait certain d'être arrêté au milieu de sa course. Il faudrait un courage plus qu'humain pour essayer de commencer, dans la certitude de ne pas achever ses travaux. Si l'avenir était connu, les deux grands mobiles de nos actions, l'espérance et la crainte, seraient anéantis, et l'homme machine, sans ressort et sans mouvement, végéterait quelques instans, certain de céder à l'inévitable loi du destin; mais ces avertissemens célestes, qui viennent au milieu de nos jouissances nous rappeler à des pensées plus pures; mais cette voix intérieure qui se fait entendre parmi les agitations, et le trouble de notre être ; ces mouvemens instinctifs, qui nous disent de fuir, de nous détourner ; ces resserremens de cœur, ce besoin involontaire de larmes, cette sensibilité irritée dans tous les sens, cet *entraînement*, cette force plus qu'humaine, qui nous arrache à nous-même, en un mot, tout ce qui est au-dedans de nous et qui nous rapproche par la puissance de son action d'une nature plus grande que la nôtre n'existe-t-il pas? La mémoire recueille le passé, le présent est devant nos yeux, l'avenir est au-dedans de nous; la religion de l'avenir est la religion du cœur. M. Anglès professe, pour cette religion de l'avenir, non un culte, mais un fanatisme; il a cela de commun avec les grands hommes, d'être très-superstitieux. Pendant les trois jours qui précédèrent celui du grand dîner, plusieurs pronostics fâcheux vinrent augmenter ses secrètes terreurs. Toutes les lampes de l'hôtel, servi par le gaz hidrogène s'étaignirent à-la-fois, et la prefecture de police se trouva, à 10 heures du soir, plongée dans les plus affreuses ténèbres. Le lendemain, M. le comte revenait du bain, en chaise à porteur ; les voitures agacent ses nerfs: la maudite cage se défonce, et son excellence se trouve sur ses pieds, et marche long-temps *lui même*, quoi qu'il paye deux hommes pour le porter. Ne sachant où traîner ses inquiétudes, il croit trouver une diversion dans la chasse (il faut vous dire que c'est un petit Nembroth); il manque quatre lièvres à cinq pas. En vain sa chère épouse veut diminuer ses peines par les caresses les plus affectueuses; la nuit même ne peut calmer son âme agitée; les songes les plus terribles viennent l'assaillir.

Enfin le jour fatal arrive: on fait balayer par extraordinaire la cour de l'hôtel; on ordonne aux laquais d'être honnêtes et aux gendarmes de ne pas laisser traîner leur sabre dont le son guerrier pourrait épouvanter les paisibles députés; le bruit le plus terrible qu'ils aient entendu dans leur vie, est celui des coups de poings que quelques-uns de leurs collégues appliquent sur les pupîtres dans la chaleur des discussions.

Six heures sonnent. Madame Anglès, coiffée en cheveux, parée d'une robe qui n'a été que dans trois soirées, descend dans le salon; elle s'exerce devant la glace à rendre son salut plus grâcieux. Aujourd'hui, toutes les maîtresses de maison ont pris en habitude une contraction dans tous les muscles de la figure, contraction qu'elles forcent à proportion de l'importance du personnage qui les salue : ainsi, pour un grand seigneur, les yeux se ferment, les joues se rebondissent, la bouche s'élargit verticalement, les reins se plient en arrière, le pied droit se porte en avant, et la main gauche suit l'ondulation du cou. Tous ces mouvemens diminuent graduellement, et finissent par un petit clignotement des yeux pour un employé demi-subalterne.

Tous les membres de l'heureuse famille, tapisserie obligée, forment le fond de la société et la cour de madame la comtesse.

On entend le bruit de plusieurs fiacres ; la porte s'ouvre : un homme qui a plutôt l'air d'un geolier que d'un laquais, annonce l'énorme M. Crignon d'Auzoer : ce monsieur est revêtu d'un habit neuf dont le prédécesseur avait sept ans d'un service très-actif : depuis 1815, il n'a pas dépensé pour sa nourriture 5 francs, pendant toutes les sessions. Il est si puissant que, lorsqu'il a pris son élan pour mettre en mouvement son individu, il est obligé de se préparer au moins cinq minutes pour l'arrêter : n'ayant pas pensé assez tôt à l'arrêt, il marche sur les pieds de la dame en la saluant. Après lui, on annonce M. Boin, c'est un médecin de Bourge ; il s'informe des santés autant par état que par politesse, et trouve éblouissante celle de M•. la comtesse. M. Anglès, qui connaît l'influence que ce fils d'Esculape a sur ses collègues, l'accable de politesse, l'appelle mon cher. Bientôt le salon se remplit : on voit arriver MM. Albert avec sa petite queue, le méditatif Lascours ; Jard Pamvilliers, qui rit même en dormant, le grand, gros, rond Arnaud de Puy-Moisson, libéral honteux ; Angosse, qui ressemble à tout le monde ; le muet Francoville, qui n'ouvre la bouche que pour manger ; le debile Poifère-de-Cère, l'ennemi des sténographes ; le bas-Normand Lejollis de Villiers, toujours en opposition avec les députés des départemens à huile.

Lizot, qui vote oreille fermée sur tout ce que veulent les ministres ; c'est un homme précieux : aussi l'Amphitrion l'accable-t-il de caresses. Usquin, dont le vaste nez sert d'étendard au bataillon ministériel ; il le lève et le baisse suivant le péril : ainsi les preux chevaliers français, levaient et baissaient l'oriflamme, pour instruire toute l'armée du danger dans lequel se trouvait le prince. Le silencieux Dartigaux, qui ne s'énonce que par des boules toujours ministérielles : il est très-distrait ; un jour il en mit une dans sa poche au lieu de la mettre dans l'urne.

Après quelques instans d'attente on annonce

M. Morisset. A ce nom un murmure flatteur s'élève dans le salon. M. Morisset est un bon vivant, c'est le point central du centre, il en est appelé le nombril.

Sa voix sonore sert de trompette au bataillon sacré, comme le nez de M. Usquin en est l'étendart; nul n'a plus de majesté à table, il paraît aussi respectable dans ce poste, que les sénateurs romains assis sur leurs chaises curules le parurent aux Gaulois lors de la prise de Rome; d'ailleurs il est très-complaisant, très officieux, c'est lui qui retaille la queue de Mme Anglès lorsqu'elle joue au billard.

On annonce pour la clôture M. Ménager, c'est la première fois qu'il arrive le dernier, mais, ô disgrâce! on n'a ouvert qu'un battant de la porte, et le député est si gros, si large, qu'il ne peut passer : le domestique veut élargir le passage, mais le ressort résiste à ses efforts; il court chercher un marteau. M. Morisset tend la main au maître de la maison, qui vient lui tenir compagnie à la porte, en attendant qu'il puisse entrer.

Enfin une voix sombre venait de faire entendre ces mots si flatteurs pour tout le monde : Madame la comtesse est servie. Le cortége s'était mis en marche, lorsqu'un député sur lequel on ne comptait pas, arrive et se trouve à la porte nez à nez avec madame; c'est M. de Mortarieu. Monseigneur, dit-il à M. Anglès, je vous demande bien pardon d'arriver si tard. Monsieur, lui répond l'excellence, soyez le bien-venu; je ne croyais pas vous avoir aujourd'hui. Comment? s'écrie le député, me serais-je trompé de dîner: il prend son calepin, feuillette : En effet, je devais aller aujourd'hui aux Douanes. C'est égal, répond M. Anglès, le prenant par la main, je m'estime trop heureux de vous posséder. Voilà, disait en lui-même le ministre, un homme certainement bien acquis : au reste il aurait été cruel de renvoyer M. de Mortarieu, il est si débile, si faible, qu'on croirait qu'il sort d'une diète longue et sévère.

On se met à table: ce n'est qu'après le potage que l'on parle, lorsque le Madère a circulé et apporté dans tous les estomacs sa vivifiante chaleur. M. Morisset, d'une voix éclatante, rompt le silence général : On m'a donné aujourd'hui une nouvelle qui mérite confirmation; c'est que M. Decazes serait nommé ambassadeur en Chine. Allons donc, balbutie M. Anglès, c'est un fagot qu'on vous a fait: Comment répond, le député on assure même que c'est M. Villemain qui lui apprend à frapper le pavé avec le front, condition expresse pour parvenir jusqu'au souverain Chinois. La dessus la conversation s'anime.

De propos en propos on a parlé de. . . . . politique.

C'est alors que se déploient des talens d'autant plus remarquables, qu'à la chambre ils s'enveloppent du manteau du dieu Harpocrate, pour échapper à une célébrité importune. Vous croiriez que ces messieurs n'ont dans tout leur vocabulaire que les mots *aux voix la clôture, la question préalable;* vous seriez étonné de les entendre parler : rien n'est au-dessous d'eux; ils règlent les intérêts les plus importans, font la paix et la guerre; ils abordent les questions de la plus haute politique. C'est M. Mestadier qui tient le dé; c'est aussi le plus fort de tous. Comme il arrange le côté droit ! comme il gourmande le côté gauche ! Les hommes exagérés, dit-il, d'un ton doctoral, perdront la France. Ces généraux Foy et Donnadieu sont de vrais Attila; les bons Français sont au centre, et j'y resterai toujours, dût-on m'appeler truffé, ventru, aloyau. Vous avez raison, cher collègue, s'écrie M. Dartigaux ; les hommes exagérés dénaturent tout et ne respectent rien. Croyez-vous que j'ai entendu hier un ultra dire que le noble M. Pasquier n'aimait pas les Bourbons.

Comment, ai-je dit, M. Pasquier ne pas aimer les Bourbons ! ce ministre a toujours aimé, adoré les *gouvernans;* or, les Bourbons sont *gouvernans*, donc M. Pasquier aime les Bourbons; c'est concluant ! Comme vous raisonnez, M. Dartigaux, dit malicieusement la baronne de S . . . . . Pourquoi vous obstinez-vous à garder le silence à la chambre? une logique aussi serrée que la vôtre ne laisserait pas que d'entraîner des opinions ; votre silence est une véritable calamité. Un rire général couvrait la voix de la sémillante interlocutrice, qui, trouvant plaisant de chagriner le bon appétit de ces messieurs, dit: Je tiens de très-bonne source, que l'on fera un petit article additionnel à la loi des élections; d'après lequel nul député ne pourra occuper aucune place salariée. A peine a-t-elle prononcé ces mots, qu'il se fait une explosion de murmure, et les convives sont très-fort en *murmure*. La vue du second service que l'on plaçait venait de calmer l'orage, lorsque M. Poiféré de Cère, se sentant incommodé, se lève avec précipitation. Qu'avez-vous, lui dit madame Anglès ? Rien, madame, une mauvaise disposition. — André, conduisez Monsieur. A peine celui-ci avait-il exécuté les ordres de sa maîtresse, que MM. Usquin et Albert pâlissent, rougissent, se cramponnent à leurs chaises. — Que vous arrive-t-il, Messieurs ? — un malaise. . . . . . et sans attendre davantage, ils se lèvent, courrent, pliés en deux, et se tenant le ventre. Je crois que ces messieurs ont un peu trop déjeûné, dit M. Anglès.

Chez moi, s'écrie M. Jard-Panvilliers, un déjeûner, quelque copieux qu'il soit, ne fait jamais tort au dîner. A peine a-t-il prononcé ces mots, que ses yeux se tournent, une violente colique le saisit, un vigoureux laquais l'entraîne. . . . .

Cependant le troisième service était placé, et comme les accidens avaient cessé, les convives intacts commençaient à rire de la mésaventure de leurs collègues. On sert des crèmes qui auraient tenté l'homme le moins friand ; on en faisait pompeusement l'éloge, et déjà on disposait le simétrique dessert, lorsque, comme par un coup de foudre, femmes, hommes, tous sont atteints du même mal. M. Boin, qui s'y connaît, puisqu'il est médecin, s'écrie : Cette crème renfermait un dissolvant purgatif. Hélas ! il devinait juste : des hommes jaloux du préfet de police lui avaient joué le mauvais tour de jeter de la poudre dissolvante dans les entremets et dans les crèmes. Tous les conviés se lèvent, courrent, et disparaissent......

> Hippolyte, lui seul, digne fils d'un héros,
> Arrête ses coursiers, saisit ses javelots....

L'Hippolyte est M. Ménager; intrépide jusqu'à la fin, resté seul à table, il rit des maux qu'il ne sent pas, et voulant braver le sort, il avale à longs traits la crème traîtresse. Le purgatif agissait moins subitement dans un corps aussi immense que le sien; mais son heure arriva bientôt: il se lève avec précipitation, comme s'il était piqué par la tarentule, ou plutôt comme un éléphant dont on vient de déchirer le flanc; il se lance furieux vers une issue; mais la maudite porte est encore trop étroite; il l'enfonce d'un choc, et ne sachant où aller, il descend l'escalier: la Seine est voisine de l'hôtel, il arrive auprès du parapet, et y trouve ses honorables collègues rangés, et exténués de fatigues. Ainsi qu'un homme dont la douleur a été long-temps concentrée, et qui donne un libre cours à ses larmes, de même M. Ménager laisse couler les siennes; mais avec un bruit sourd, que répète l'écho du rivage. O comble de l'audace! un rire inextinguible se fait entendre au-dessus de leurs têtes. Messieurs, leur crie-t-on, *la clôture! la clôture!* Hélas! nous la demandons de bien bon cœur, s'écrie M. Poiféré de Cère. Tous les cochers de cabriolets, dont la place est voisine, accourent, et chargent les représentans du peuple français, en demandant toutefois une course double, vu le danger qu'il y a à transporter des gens sujets à des accidens.

Cependant, au bruit qu'avait fait M. Ménager en se défonçant, des inspecteurs de police étaient arrivés, croyant que c'était un pétard; ils veulent l'arrêter. Il a beau raconter le fait: on allait amener tous ces messieurs, comme perturbateurs du repos public, lorsqu'une personne envoyée par M. le préfet les tira d'embarras.

Enfin cette terrible soirée se passa. M. Anglès, exténué ainsi que toute sa famille, fait avertir les ministres et toutes les autorités qu'une vaste conspiration est tramée contre l'état, et que le commencement de son exécution a eu lieu chez lui. Les ordres les plus sévères sont donnés pour connaître les auteurs d'un pareil attentat; toute la cuisine en masse de M. Anglès est arrêtée, les barrières sont fermées; les patrouilles se succèdent avec rapidité. Le préfet va chercher dans le sommeil réparateur un adoucissement à ses peines. Cependant toute la préfecture est sur pied; deux cents mouchards ou commissaires de police cernent l'hôtel : on cherche partout. Bientôt les environs de l'hotel sont encombrés de monde. On fait courir les bruits les plus absurdes : on assure que des assassins ont voulu massacrer M. Anglès, que lui seul s'est défendu contre quatre hommes, que l'un d'eux a lâché son coup de pistolet, et a fait à M. le comte la même blessure que Mallet fit au général Hullin. « Eh bien ! s'écrie un plaisant, ce sera Bouffe la balle II.

Le lendemain, malgré toutes les précautions possibles, tout Paris fut instruit de ce qui s'était passé à l'hôtel de M. Anglès ; l'air pétillait de bons mots, de plaisanteries ; la cour, la ville était dans l'hilarité. Jugez si cette aventure, déjà assez plaisante par elle-même, prêtait au ridicule : chacun faisait sa version ; on entendait dire partout : ces préfets de police sont malheureux, il leur arrive toujours quelques catastrophes. On rappelait celle qui arriva à M. Pasquier, lors de la conspiration de Lahorie, et qui l'obligea de se refugier en robe de chambre chez un apothicaire; on retraçait la caricature que l'on fit à cette occasion, représentant un domestique offrant à M. Pasquier une seringue d'une capacité monstrueuse ; on avait écrit dessous, *aux grands maux les grands remèdes.*

Le lendemain matin, M. Anglès, remis de son indisposition, ne laissa pas que d'être très-inquiet de ce qui s'était passé. Que va dire Paris? Une sueur froide couvrait son visage, en pensant à cela; il ne peut cacher ses craintes à son secrétaire particulier, qui est aussi son confident, celui-ci, veut le consoler, le rassurer; il épuise toute sa logique, et finit par lui dire : Monseigneur, cela n'empêchera pas que vous touchiez vos émolumens au bout du mois. — Ame vénale, crois-tu, s'écrie Monseigneur, que je serve pour de l'argent, pour des appointemens.—Ils ne laissent pas que d'avoir des charmes. — Allons donc, c'est par honneur, par dévouement aux Bourbons, par amour pour ma patrie, que je me fais l'esclave de mes devoirs, que je m'arrache à mes douces habitudes, à la culture des lettres, à cette retraite qui offre tant de charmes au sage, au philosophe. Lorsque vous parlerez de moi, que le mot argent ne sorte jamais de votre bouche ; apprenez que le désintéressement le plus pure est le guide, le moteur de toutes mes actions.

A peine M. Anglès avait-il fini sa mercuriale qu'on vient lui annoncer que différentes députations de son administration veulent lui présenter leurs complimens de condoléance. M. Anglès est épouvanté; mais peut-il refuser les témoignages d'un vif intérêt. M. Champ-Louis, à la tête de la troisième division, est le premier orateur, il s'énonce en ces termes : Monseigneur, c'est avec empressement que la troisième division de votre ministère vient mettre aux pieds de votre Excellence l'assurance de son dévouement et de tous le regrets, de tout l'effroi qu'elle a ressenti, en apprenant le monstrueux attentat commis sur votre personne. Si la troisième division avait pu soupçonner que des hommes fussent capables d'un pareil outrage, elle aurait fait un rempart à votre Excellence, de son amour, de son attachement.

S. Exc. à repondu.

Je reçois avec reconnaissance les témoignages d'affection dont la troisième division veut bien m'assurer par votre bouche; la vie des hommes d'état est remplie de contradictions, de dégoûts; on envie leur sort; si on savait tout ce qu'ils souffrent quelquefois,... M. Anglès allait faire à M. Champ-Louis, comme à un ami, les détails de ses souffrances de la veille, lorsqu'on annonça la députation de la deuxième division.

Monseigneur, la charte dit l'orateur, peut bien se relâcher quelquefois pour le bien des Français; mais elle ne se relâchera jamais, lorsqu'il s'agira de punir des attentats aussi grands que celui dont votre personne a été la victime; la France et l'Europe le connaîtront tout entier, et sauront apprécier ces hommes, ennemis du bonheur et de la tranquillité des nations. Oui, Monseigneur, que votre sévérité ne se relâche pas, et que les coupables, si on les trouve, ne puissent rien attendre de votre clémence.....

— Je reçois avec plaisir les marques d'intérêt que vous me *transmettez* de la part de la deuxième division; elle peut être assurée que je ne chercherai point à tempérer la rigueur des lois, lorsqu'il s'agira de frapper les coupables des désordres qui sont arrivés hier.

Les envoyés de la première division arrivent; l'orateur parle en ces termes.

O tempora, ô mores! s'est écrié un poëte *grec*; c'est aujourd'hui, Monseigneur, qu'on pourrait dire *ô tempora, ô mores!*....

— Je reçois avec reconnaissance, dit M. Anglès, en l'interrompant brusquement, l'assurance des affections de la première division; dites-lui que je l'en remercie.

Une infinité d'autres députations attendaient d'être reçues pour exprimer leurs vœux, lorsque l'on vient dire à M. le préfet que M. Joseph Pain, un des censeurs royaux, désirait lui parler. M. Anglès saisit ce prétexte pour congédier ces indiscrètes députations, et fait entrer le poète censeur, surnommé *le nez en trompette*.

M. le préfet, les censeurs ayant appris les désagrémens que vous avez eu hier, m'envoient vers vous pour m'informer de l'état de votre santé, et vous prier de recevoir leurs complimens de condoléance.

Je les reçois avec d'autant plus de plaisir qu'ils me sont présentés par vous, Monsieur. On va beaucoup parler de l'attentat auquel j'ai heureusement échappé ; on dénaturera les faits, je vous prie de faire en sorte que les journaux n'induisent pas le public en erreur. Soyez tranquille, Monsieur le préfet, la morale, la religion, et l'état, y sont trop intéressés ; nous ne laisserons pas passer une seule ligne qui ait trait à votre malheur, et vous pourrez bien bénir la censure : vous savez comme on l'outrage, comme on l'accuse, et cependant quels services ne rend-elle pas ; je crois que tous les rédacteurs de journaux sont des diables échappés de l'enfer ; il n'y a que ceux du journal de Paris qui soient sages. —Nous les payons assez cher pour cela.— Enfin, croyez-vous que les petites affiches même se mêlent d'outrager les mœurs, les convenances.— Comment.—Dans des annonces de ventes de maisons? — Non. Monsieur, c'est dans les articles de filles à placer; cela fait dresser les cheveux.

Louis XV disait que s'il était lieutenant-général de police, il abolirait les cabriolets, et moi je dis que si j'étais maître en France, j'abolirais les journaux. Je ne suis pas de votre avis, s'écrie tout ému le poète, qui sait fort bien que pas de journaux pas de censeurs; les journaux peuvent être d'une grande utilité, si la sagesse et la raison président à leur rédaction, ensuite c'est une branche d'industtrie de première nécessité. Il y a des gens qui expireraient d'ennui s'ils ne lisaient pas les feuilles publiques. Pas de journaux, monsieur le préfet! vous verriez éclater demain une conspiration s'ils n'existaient pas : il en faut nécessairement, mais bien censurés, la censure est l'âme des journaux.

Dans la journée du lendemain des mouchards arrêtèrent deux hommes qui s'entretenaient de la conspiration des poudres dissolvantes. L'un des deux tenait les discours les plus coupables. Qui donc a été chercher un préfet de police de cette espèce, qui se laisse bafouer chez lui? Ma portière sait mieux ce qui se passe dans Paris que M. Anglès. Est-ce qu'une demi-heure après l'assassinat du malheureux duc de Berri, M. Anglès ne devait pas, par le fait, être destitué? ne devait-il pas lui-même sentir qu'il était inconvenant qu'il restât dans sa place après cet événement horrible? mais aujourd'hui on ne se respecte plus, on veut à toute force avoir une immense fortune; on ne voit pas les devoirs dans une place, on n'en voit que les appointemens. Quelle vénération veut-on que le peuple ait pour des magistrats, des autorités, qui sont l'objet de la risée générale? est-ce que l'on se serait avisé de mettre de la poudre purgative dans les sauces et dans les crèmes de M. de Sartines, de M. Lenoir?.....

M. Anglès commençait cependant à rire, à prendre son parti; il n'avait vu jusqu'à présent la conspiration que du côté plaisant, mais quelle fut sa terreur, son effroi, lorsque la discussion sur le budget lui fit voir toute la profondeur de l'abîme. Permettez-moi de reprendre haleine pour terminer ma narration.

La catastrophe avait eu lieu un samedi. Le lundi est pour la chambre un jour laborieux, on devait discuter le budget des relations extérieures: les députés arrivent; tout le monde est en place. Mais, ô douleur! le centre est vide en grande partie; ses rangs sont éclaircis; cette partie de l'assemblée ressemble à un bataillon quarré, dont la mitraille et les boulets ont, par leur ravage, diminué la force, la profondeur. A cette vue les ministres pâlissent, tremblent; ils s'informent, ils apprennent que les députés fêtés à la préfecture de police, ont cru que le banquet de M. le préfet de police, était le même que celui servi par l'infame Borgia à tout le sacré collège. Ils se sont crus empoisonnés, et la peur leur a donné la fièvre, ils sont retenus au lit. M. Ménager, toujours intrépide, n'a pas été atteint de cette crainte; mais on n'a pu encore le bien raccommoder, tellement il s'était déchiré. Les ministres aux abois, s'écrient qu'on n'est pas en nombre pour délibérer. Comment, leur répond-on de la droite et de la gauche, sommes-nous invisibles à vos yeux? ne regardez-vous comme mandataires de la nation que ceux qui siègent au centre. Le président est obligé d'ouvrir la séance; le premier article, après une courte discussion, est mis aux voix, il passe, mais avec une forte réduction. Le malheureux, s'écrie M. Pasquier, en parlant de M. Anglès, il nous perd avec son maudit dîner. La séance est levée sans que l'on ait entendu une seule fois *la question préalable*. Le rire prolongé des députés des deux côtés annonce aux excellences de grandes mésaventures. En rentrant chez lui M. Pasquier se trouve mal, la jaunisse se déclare; cependant le conseil des ministres s'assemble extraordinairement dans la soirée afin de parer un coup si violent : divers avis sont ouverts. Un de ces messieurs pousse un cri de joie, se frappe le front comme un inspiré, je le tiens ; on l'entoure, on l'écoute avec avidité : Messieurs il faut faire compter double le vote des députés du centre qui nous reste. Est-ce possible, lui crie-t-on. — Ah ! je n'y avais pas pensé.

Un autre inspiré propose de faire habiller en députés malades une vingtaine d'hommes pour combler le déficit : on fera annoncer qu'ils n'arriveront qu'au moment de la discussion, nous les placerons au centre du centre pour qu'on ne voye pas bien leur figure. Ce n'est pas mal, dit M. de Serre ; mais si on s'aperçoit de la supercherie, nous somme perdus. M. Foy a les yeux perçans ; nous ne pouvons pas nous hasarder à cela. Faisons mieux, dit M. Siméon, faisons porter les malades à la chambre, dans leurs lits s'il le faut ; ils entendront les discussions et pourront voter. — Oui, c'est bien, c'est arrêté : on se transportera chez ces Messieurs, et je ne doute pas que cela ne réussisse. En effet, on se transporte chez eux ; les promesses redoublent, mais elles ont peu d'effet sur des malades. Un homme retenu dans son lit par la fièvre, prêtera plutôt l'oreille à son médecin qu'aux promesses fallacieuses des ministres; les uns se plaignent de M. Anglès. Nous sommes couverts de ridicules; jamais nous ne pourrons reparaître: on va nous rire au nez. Les autres disent que l'air pourrait leur faire mal; au reste, que les ministres s'arrangent; ils ne pensent qu'à eux. M. Poiféré-de-Cère très-attaché aux intérêts ministériels, montre la meilleure volonté; mais c'est celui qui a été le plus maltraité. Depuis l'époque fatale, il ne cesse de *soupirer ;* c'est comme s'il votait sans décesser par assis et par levé. — Non vraiment; avec la meilleure volonté du monde, je ne le puis. Si mon appartement était plus grand, on pourrait venir tenir les séances chez moi. — Mais, M. Poiféré, cela ne se pourrait pas, quand même votre appartement serait grand comme le Louvre. — On va bien chez M. Usquin et chez M. Piet. — Mais on n'y vote pas. — Vous pardonnerez. Voilà le malade qui s'entête; il ne comprend plus rien. — Il paraît, M. Poiféré, que ce malheureux événement a bouché votre intelligence — Comment! boucher? Il a agi sur ma personne d'une manière contraire.

Les ministres apprennent que tous leurs soins sont presque superflus; ils sont dans la désolation, ils n'ont pu ramener au bercail que M. Jard-

Panvilliers, à qui il a fallu promettre, pour l'entraîner, la place de médecin de la chambre des députés, avec de gros appointemens. Vous savez que les ministres improvisent quand ils veulent des places pour acheter des voix.

Le lendemain, la discussion s'est rouverte. M. Pasquier, attaqué de la jaunisse, est arrivé. Malgré son malaise, de peur d'avoir une voix de moins il s'était rendu à la chambre, il était très-plaisant de le voir se démener à la tribune avec sa figure et ses mains jonquilles. Au reste, le jaune est le fard des bruns. Enfin, que vous dirai-je? Tous les articles ont été amendés et réduits les uns après les autres. Si vous aviez vu comme les ministres s'agitaient, se désespéraient! on les aurait pris pour des hommes à qui on arrachait un héritage légitime, ou bien pour les propriétaires du ministère. Enfin, malgré leurs cris, leurs efforts, le budget, qui, d'après l'avis de la commission, n'avait été diminué que de 300,000 fr., a souffert, grâce à une dissenterie, une réduction de onze millions. Les grands effets ne viennent que des petites causes. Les propriétaires fonciers vont bénir la poudre dissolvante. C'est un moyen tout à fait neuf pour diminuer les impôts. Je suis ennemi des innovations, mais celle-ci trouve grâce devant moi.

Pour la première fois, les deux côtés de la

chambre ont constamment voté ensemble. Qui sait s'ils ne le feraient pas de même pendant toute la session, si le centre n'existait pas ; on aurait vu des choses plus extraordinaires.

Après cette terrible défaite, M. de Serre disait à un de ses amis, retiré des affaires : Nous sommes perdus. L'ami à qui il parlait était un de ces hommes appelés par leur franchise *St.-Jean Bouche d'or*. Vous me la donnez belle, en me disant que vous êtes malheureux ; croyez-vous par hasard que vous aurez des appointemens énormes, un hôtel magnifique, que vous serez éclairé, chauffé, servi, aux frais de l'Etat ; que vous aurez des cordons, des châteaux, (mobilier du ministère), sans avoir un seul désagrément ? Qu'avez-vous fait pour gagner tout cela ? Votre nom se rattache-t-il à quelque grande institution ? avez-vous, pendant 25 ans, affronté les bombes et les boulets ? votre sang a-t-il coulé pour la patrie ? Quelles larmes avez-vous essuyées, quels abus avez-vous détruits pour le bien de la société, quel souvenir laisserez-vous à l'histoire ? Vous vous plaignez de ce que le peuple français paiera onze millions de moins de contribution ? En perdrez-vous un sou sur vos 150,000 fr. ? La réplique de M. de Serre ne m'est point parvenue ; elle eût été peut-être victorieuse. Il est homme à se tirer du plus mauvais pas.

Je finirai ma lettre en vous disant que M. Anglès, tracassé, chagriné par les ministres, a donné sa démission, et qu'il s'est retiré avec une forte pension: c'est toujours l'ordinaire. Dégoûté des hommes, il va se cacher dans la solitude, se consoler de ses douleurs au sein de la philosophie. Il y a des gens qui crient contre la philosophie, il n'y a pas de plus belle chose au monde; je ne parle pas de celle de Diogène, qui ne possédait qu'un tonneau vide, d'Anaxagoras, qui donna son patrimoine et ne garda qu'un manteau; c'est de la mauvaise compagnie: je veux parler de la philosophie bien grasse, bien succulente de M. Anglès, de M. Cambacerès, de M. Decazes; voilà des bons philosophes. Les radoteurs de la Grèce n'apprenaient qu'à être vertueux, et ces messieurs vous enseigneront à faire votre fortune lestement.

Je travaille à une nouvelle édition *du Mépris des richesses,* de Sénèque; je me propose d'en offrir la dédicace à M. Anglès; l'épigraphe sera tirée de l'ouvrage.

Le sage ne laissera pas entrer dans sa maison un seul denier qu'il n'ait pas gagné légitimement.

IMPRIMERIE DE P. DUPONT.

www.ingramcontent.com/pod-product-compliance
Lightning Source LLC
Chambersburg PA
CBHW060511050426
42451CB00009B/924